BEI GRIN MACHT SICH IHR WISSEN BEZAHLT

Das Sport- und Vereinsrecht

Haftung, Arbeitsrecht und Steuerliche Aspekte

Adam Salman

Bibliografische Information der Deutschen Nationalbibliothek:

Die Deutsche Nationalbibliothek verzeichnet diese Publikation in der Deutschen Nationalbibliografie; detaillierte bibliografische Daten sind im Internet über http://dnb.d-nb.de abrufbar.

ISBN: 9783346275448
Dieses Buch ist auch als E-Book erhältlich.

© GRIN Publishing GmbH
Nymphenburger Straße 86
80636 München

Druck und Bindung: Books on Demand GmbH, Norderstedt Germany
Gedruckt auf säurefreiem Papier aus verantwortungsvollen Quellen

Das vorliegende Werk wurde sorgfältig erarbeitet. Dennoch übernehmen Autoren und Verlag für die Richtigkeit von Angaben, Hinweisen, Links und Ratschlägen sowie eventuelle Druckfehler keine Haftung.

Das Buch bei GRIN: https://www.grin.com/document/943270

Deutsche Hochschule für

Prävention und Gesundheitsmanagement

Einsendeaufgabe

Fachmodul:	Sport- und Vereinsrecht
Studiengang:	SPÖ
Datum **Präsenzphase**	23.03.2020 – 25.03.2020
Name, Vorname:	Salman, Adam
Studienort:	**Hamburg**
Semester:	**SS18**

Inhaltsverzeichnis

1   GRUNDLAGEN SPORT- UND VEREINSRECHT.................................4

1.1   Beurteilung wirtschaftlicher Verein anhand Struktur, Organigramm und Satzung................4

1.2   Beurteilung wirtschaftlicher Verein anhand GuV.................................4

1.3   Beurteilung wirtschaftlicher Verein anhand Schreibweise, Logo, Sponsoring und Homepage 5

1.4   Konsequenzen.................................6

1.5   Zusammenfassung.................................6

1.6   Strukturelle Veränderung des RasenBallsport Leipzig e.V.................................6

2   HAFTUNG IM SPORT.................................7

2.1   Haftung – Teil I.................................7

2.2   Haftung – Teil II.................................8

2.3   Haftung – Teil III.................................9

3   „ARBEITSRECHT" IM SPORT 9

3.1   „Arbeitsrecht"/Sozialversicherungsrecht – Fall I.................................9

3.2   „Arbeitsrecht"/Sozialversicherungsrecht – Fall II.................................10

3.3   „Arbeitsrecht"/Sozialversicherungsrecht – Fall III.................................10

4   SPONSORINGVERTRAG.................................11

5   STEUERLICHE ASPEKTE IM SPORT- UND VEREINSRECHT.................14

5.1   Steuerliche Sphären.................................14

5.2   Umsatzsteuer.................................16

6   LITERATURVERZEICHNIS.................................18

1 Grundlagen Sport- und Vereinsrecht

Der Fussballverein RasenBallsport Leipzig e.v. ist ein deutscher Bundesligist, welcher beim Amtsgericht Leipzig im Vereinsregister eingetragen ist. Der Gründungstag ist der 19. Mai 2009. Seit der Saison 2016/2017 spielt er in der obersten deutschen Spielklasse - der 1. Bundesliga. Grundlage für die folgende Bearbeitung ist allerdings das Jahr 2014. Zu der Zeit befand sich der Verein in der 2. Bundesliga.

1.1 Beurteilung wirtschaftlicher Verein anhand Struktur, Organigramm und Satzung

Das Fundament für die Beurteilung des RasenBallsport Leipzig e.v, ob es sich hierbei um einen wirtschaftlichen Verein handeln könnte, schafft das Bürgerliche Gesetzbuch. Es gilt zu prüfen, ob der RasenBallsport Leipzig e.v. gemäß den Paragraphen 21 und 22 BGB die Voraussetzungen eines nichtwirtschaftlichen oder wirtschaftlichen Vereins erfüllt. Die beiden Paragraphen differenzieren hier ganz klar. Im Hinblick auf das Organigramm und der dargestellten Vereinsstruktur lassen sich Tendenzen in Richtung wirtschaftlich orientiertem Verein erkennen. Dabei lässt sich bemerken, dass sowohl der Ehrenrat als auch Vorstand des Vereins in Gänze aus führenden Funktionären der Red Bull GmbH gebildet werden. Die Satzung des Vereins lässt ein weiteres Indiz für eine Wirtschaftlichkeit aufkommen. Hier wird lediglich den ordentlichen Mitgliedern eine Wahlberechtigung zugesprochen, welche zur Hälfte aus Führungskräften der Red Bull GmbH bestehen. Dadurch können die wirtschaftlichen Interessen der Gesellschaft mit beschränkter Haftung durch den Verein vertreten und durchgesetzt werden. Damit sind Voraussetzungen des Paragraphen 22 BGB eines wirtschaftlich orientierten Vereins gegeben.

1.2 Beurteilung wirtschaftlicher Verein anhand GuV

Für eine weitere Prüfung einer potenziellen Wirtschaftlichkeit des RasenBallsport Leipzig e.v. liegt dessen Gewinn- und Verlustrechnung aus der Saison 2013/2014 zugrunde. Hieraus lässt sich erkennen, dass rund 64 % der Umsatzerlöse alleine aus den beiden Bereichen „Werbung" und „Mediale Verwertungsrechte" stammen. Ein auffällig hoher

Wert, der den Verdacht bekräftigt, dass die Mitgliederversammlung des Vereins die marketingpolitischen Interessen und Ziele der Red Bull GmbH durchsetzen will. Im Vergleich mit einem idealtypischen Verein, dem FSV Mainz 05, ist der Anteil der Umsätze aus diesen Bereichen enorm hoch. Der Großteil der Umsatzerlöse von Mainz 05 resultiert aus einer klugen Transferpolitik. Hierbei werden Spieler für eine geringe Ablösesumme verpflichtet und mit einem hohen Transfergewinn wieder verkauft. Weiterhin sind die geringen Investitionen des RasenBallsport Leipzig e.V. in die eigene Jugendarbeit ein weiteres Indiz für die Wirtschaftlichkeit des Vereins. Diese Tatsache deutet darauf hin, dass hier kein ideeller Zweck verfolgt wird und somit Wirtschaftlichkeit gegeben ist (Märkle & Alber, 2008, S.30). Vergleicht man nun die Gewinn- und Verlustrechnung mit dem Vorjahr ist besonders markant, dass die Bilanzsumme trotz gestiegener Aufwendungen keinen signifikanten Unterschied aufweist. Dies ist ein Anzeichen für die gestiegenen Investitionen des Hauptsponsors, um die Bilanzsumme auf einem gleichbleibenden Niveau zu halten.

1.3 Beurteilung wirtschaftlicher Verein anhand Schreibweise, Logo, Sponsoring und Homepage

Das Vereinslogo des Fußballvereins zeigt zwei rote Bullen, die aufeinander zuspringen. Außerdem ist der Schriftzug RB Leipzig zu lesen. Hier ist eine klare Analogie zum Firmenlogo der Red Bull GmbH zu erkennen, welches ebenfalls zwei rote Bullen aufweist und außerdem den Schriftzug Red Bull. Ein Rückschluss vom Vereinslogo auf das Firmenlogo ist somit gegeben. Weiterhin wird sowohl auf dem Vereinslogo, als auch in der üblichen Schreibweise lediglich der Begriff „RB Leipzig" verwendet. Der Bezug zum wirtschaftlichen Unternehmen wird dadurch geschaffen. Weiterhin weist die Homepage des Vereins mehrmals den Firmennamen „Red Bull" auf. Insbesondere durch die eigene Rubrik „Red Bull Arena" und den dazugehörigen Optionen. Gibt man den Begriff „Red Bull" in die Suchleiste ein, so erscheinen unzählige Artikel, Bilder und Videos des Vereins ohne einen eindeutigen Hinweis auf das Getränk. Somit wird unterschwellig die Verbindung zum Unternehmen suggeriert. Die große Ähnlichkeit beim Design des Logos und der Homepage zu denen des Unternehmens ist auffallend. Vervollständigt wird die Annahme, der Verein vertrete die Ziele des Unternehmens durch den gleichnamigen Hauptsponsor (Homepage RasenBallsport Leipzig, 2020).

1.4 Konsequenzen

Bei einer Prüfung des RasenBallsport Leipzig e.v. durch das zuständige Finanzamt wird die Gemeinnützigkeit des Vereins umfangreich bewertet. Sollte hierbei festgestellt werden, dass der Fussballverein die Kriterien eines ideellen Vereins nicht erfüllt, so hätte dies weitreichende Folgen. Insbesondere in Bezug auf die steuerlichen Sphären gebe es gravierende Konsequenzen. Eine nachträgliche Versteuerung sämtlicher Einnahmen ab dem Status der Aberkennung durch das Finanzamt wäre die erste Folge. Entfällt der Status eines gemeinnützigen Vereins, so entfallen in Zukunft auch deren steuerliche Vorteile bzw. Steuerbegünstigungen. Die übliche Umsatzsteuer in Höhe von 19 % würde somit auf alle Verkäufe durch den Verein angewandt werden. Mit einem Beschluss durch das Finanzamt entfällt außerdem auch die Befreiung von der Mehrwert-, Gewerbe- und Erbschaftssteuer.

1.5 Zusammenfassung

Der Grad zwischen einem wirtschaftlichem und einem gemeinnützigen Verein ist schmal. Betrachtet man die vorangegangen Punkte noch einmal zusammenfassend, so ist beim RasenBallsport Leipzig e.V keine eindeutige Zuordnung möglich. Es lassen sich aber klare Tendenzen herauslesen, die eine Wirtschaftlichkeit vermuten lassen. Insbesondere ist hier noch einmal die Vereinsstruktur hervorzuheben. Die Führung des Vereins, die aus Funktionären der Red Bull GmbH besteht und das alleinige Stimmrecht besitzt weist auf eine Wirtschaftlichkeit hin. Des weiteren sind die für einen idealtypischen Verein ungewöhnlich hohen Umsatzerlöse im Marketingbereich ein weiterer Hinweis dafür. Erhebliche Ähnlichkeiten beim Design des Logos und der Schreibweise und die Analogien auf der Homepage bekräftigen die Vermutung der Verein verfolge wirtschaftliche Zwecke. Der RasenBallsport Leipzig e.V. bewegt sich oftmals in verschiedenen Graubereichen. Beispielhaft ist hierfür die Namensänderung des Vereins gewesen. Wie aber schon vermutet, geht die Tendenz eher Richtung wirtschaftlich orientierter Verein gemäß Paragraph 22 des Bürgerlichen Gesetzbuches.

1.6 Strukturelle Veränderung des RasenBallsport Leipzig e.V.

In einem Beitrag der „Welt" aus dem Jahr 2014 wird über die strukturellen Veränderungen des Rasenballsport Leipzig e.V. berichtet. Unter Anwesenheit von 40 Fördermit-

gliedern und den ordentlichen Mitgliedern wurde bei einer außerordentlichen Mitgliederversammlung im Dezember 2014 die Ausgliederung der Profiabteilung bis zur U16
beschlossen. Die lediglich 14 stimmberechtigten Mitglieder des Vereins stimmten ein-
heitlich für den Beschluss zur Ausgliederung in eine GmbH. Ausschlaggebend für diesen Schritt ist, laut dem Vorstandsvorsitzenden Oliver Mintzlaff, die Professionalisie-
rung und Konkurrenzfähigkeit des Vereins voranzutreiben bzw. zu bewahren. Eine For-
derung der DFL zur Öffnung des Vereins für neue Mitglieder spielte aber eine nicht un-
wesentlich wichtige Rolle bei der Entscheidung. RB Leipzig war als eingetragener Verein „(...) nicht von der 50+1 Regel der DFL zu greifen" (Welt, 2014). Durch die Ausgliederung bewegt sich der Verein „(...) freiwillig aus dieser rechtlichen Grauzone" (Jo-
hannes Arnold, DPA, 2014). Ein dritter wichtiger Grund für diesen Beschluss ist die ge-
steigerte Attraktivität für neue strategische Partner und Sponsoren. Als gemeinnütziger
Verein war es bis dato nicht möglich, die wirtschaftlichen Ziele zu verfolgen. Die Um-
wandlung zur Kapitalgesellschaft ermöglicht dem Verein somit neue potenzielle Geld-
geber zu akquirieren.

2   Haftung im Sport

Die stetig wachsende Popularität des Sports birgt auch Risiken für den Konsumenten.
Es gilt etwaige Schuldverhältnisse rechtlich abzuklären und abzusichern. Insbesondere
die Frage, wer in welchem Fall die Haftung übernimmt. Grundlage hierfür bilden das
Bürgerliche Gesetzbuch und vergangene Präzedenzfälle.

2.1 Haftung – Teil I

Zur Bearbeitung des Falls wurde das Prüfschemata verwendet, welches die Haftung aus
Schuldverhältnissen bei vertraglichen oder vertragsähnlichen Ansprüchen regelt. Grundlage für den vorliegenden Fall sind die Paragraphen 31 und 280 I BGB.

Prüfschema § 280 I BGB

a) Schuldverhältnis (+)

b) Pflichtverhältnis (+)

c) Vertreten müssen

d) Kausal verursachter Schaden (+)

Für diesen Fall liegt ein positives Schuldverhältnis vor, welches aus dem Kaufvertrag zwischen dem Fan und dem Verein resultiert. Der Kauf der Eintrittskarte bildet die Grundlage für diesen Kaufvertrag. Der Vereinsvorstand gilt somit als Schuldner, welcher seine Pflicht aus dem Schuldverhältnis verletzt hat. Dem Schuldner kann außerdem grobe Fahrlässigkeit unterstellt werden, da er das Netz nicht mehr regelmäßig kontrolliert hat. In dem Fall greift der § 31 BGB und die Fahrlässigkeit wird stellvertretend dem Verein zugesprochen. Der Eishockeyfan Thomas kann somit die Behandlungskosten vom Verein verlangen.

2.2 Haftung – Teil II

Anspruchsgrundlage für den folgenden Fall ist der § 823 I BGB, da hier keine vertraglichen oder vertragsähnlichen Ansprüche gelten gemacht werden können. Es herrscht keine Vertragsbeziehung zwischen der Sauerland Event GmbH und dem Kraftfahrer Klaus. Das Prüfschemata bei Ansprüchen aus einem Delikt gemäß § 823 BGB wurde hier herangezogen.

Prüfschema § 823 I BGB

a) Rechtsgutverletzung (+)

b) Verletzungshandlung (+)

c) Haftungsbegründete Kausalität (-)

d) Rechtswidrigkeit (+)

e) Verschulden (§ 276 BGB) (+)

Grundlage für den vorliegenden Fall bildet eine Rechtsgutverletzung, begründet durch die Verletzungshandlung an den Boxer Artur Abraham durch den Kraftfahrer Klaus. Die haftungsbegründete Kausalität entfällt, da kein kausaler Zusammenhang zwischen dem Kraftfahrer und der Sportveranstaltung besteht. Trotz rechtswidrigem Verhalten kann die Sauerland Event GmbH keine Schadensersatzansprüche gegenüber dem Kraftfahrer Klaus geltend machen. Der Boxer Artur Abraham kann allerdings gegenüber dem Kraftfahrer Schadensersatz gemäß § 823 I BGB verlangen. Es besteht eine Haftung gegenüber dem Boxer, nicht aber gegenüber der Sauerland Event GmbH.

2.3 Haftung – Teil III

Zwischen beiden Spielern herrscht keine Vertragsbeziehung gemäß § 280 BGB. Anspruchsgrundlage bildet somit das Prüfschema bei deliktischen Ansprüchen gemäß § 823 I BGB.

Prüfschema § 823 I BGB

a) Rechtsgutverletzung (+)

b) Verletzungshandlung (+)

c) Haftungsbegründete Kausalität (-)

d) Rechtswidrigkeit (+)

e) Verschulden (§ 276 BGB) (+)

Es gilt zu klären, ob der Fußballer Meier wegen eines groben Foulspiels an ihn, Schadensersatzansprüche gemäß § 823 I BGB gegenüber dem Fußballer Schmidt geltend machen kann. Dies begründet sich aus der Tatsache, dass die Rechtsgüter Gesundheit, Körper und Eigentum im Sport bzw. Fußball häufig betroffen sind (Fechner et al, 2014, S.79). Die Haftungsprivilegierung ist abhängig vom Gefahrenpotenzial der Sportart. Da Fußball als Kontaktsport gilt, sind solch grobe Fouls, wie vom Schmidt am Meier, keine Seltenheit. Auch schwerwiegende Verletzungen kommen ziemlich häufig vor. Dem Fußballer Meier war ein solches Risiko bewusst, als er sich auf den Platz gestellt hat. Daher bin ich der Meinung, dass gegenüber Schmidt keine Schadensersatzansprüche geltend gemacht werden können, weil diese Art von Foulspiel keine Seltenheit im Fußball ist und in ähnlichen Fällen lediglich Verbandsstrafen ausgesprochen werden.

3 „Arbeitsrecht" im Sport

3.1 „Arbeitsrecht"/Sozialversicherungsrecht – Fall I

In dem vorliegenden Fall gilt es zu entscheiden, ob der Sportler Henry S. als Selbständiger oder Arbeitnehmer zu definieren ist. Gemäß § 84 I S. 2 HGB gilt eine Person als selbständig sobald er im Grunde genommen seine Tätigkeit frei gestalten und seine Arbeitszeit selber bestimmen kann. In Anbetracht des § 2 seines Vertrages wird ihm diese Möglichkeit zugesprochen. Weiterhin verfügt er über die freie Entscheidungsgewalt, an

Wettkämpfen und Turnieren teilzunehmen. Diese Tatsprache spricht zusätzlich für seine Selbständigkeit (Wüterich & Breucker, 2006, S. 105). Somit unterliegt Henry S. keiner Weisungsbefugnis bezüglich seiner Arbeit und ist als Selbstständiger einzustufen.

3.2 „Arbeitsrecht"/Sozialversicherungsrecht – Fall II

Gemäß § 611a BGB ist der Arbeitnehmer zur Leistung weisungsgebundener und fremd-bestimmter Arbeit verpflichtet. Als Arbeitnehmer gilt ein Sportler per Definition, wenn dieser keine eigene freie Gestaltung seines Trainings oder der Trainingszeit vornehmen kann. Außerdem gilt dies, wenn der Sportler nicht frei über Teilnahmen an Wettkämp-fen und Turnieren entscheiden kann (Wüterich & Breucker, 2012, S.154). Die hier vor-liegenden Aspekte sind auf die Spieler des Vereins anwendbar. Denn auch hier werden Trainingszeit und Teilnahme an Turnieren vom Verein reglementiert. Dabei ist ein schriftlicher Vertrag nicht von Nöten, denn gemäß § 126 BGB unterliegt der Arbeitsver-trag keiner schriftlichen Pflicht. Ein Arbeitsvertrag ist auch mündlich rechtens und so-mit sind die Spieler als Arbeitnehmer einzustufen.

3.3 „Arbeitsrecht"/Sozialversicherungsrecht – Fall III

Der Trainer Tristan R. schloss mit dem Vorsitzenden des Handballvereins Arnold M. ein schriftlichen Arbeitsverhältnis für die Dauer von drei Jahren. Dieses beinhaltet ein monatliches Entgelt in Höhe von 2500 Euro, einen Dienstwagen (Ford Mondeo) und jährliche Bonuszahlungen in Höhe von 6000 Euro. Dem Trainer wurden die Trainings-zeiten und der Trainingsort vom Vorsitzenden Arnold M. zugewiesen. Weiterhin ver-fügt er über keine freie Entscheidungsgewalt bezüglich der Teilnahme an Spielen oder Turnieren, da diese durch den Spielplan festgelegt ist. Der § 611a BGB schreibt diese genannten Aspekte einem Arbeitnehmer zu. Arbeitnehmer sind als solche zu nennen, die weisungsgebunden und fremdbestimmt einer Tätigkeit nachgehen (Wüterich & Breucker, 2006, S.105). Auch die fortlaufenden Zahlungen während des Urlaubes und des Krankenhausaufenthalts deuten auf ein Arbeitnehmerverhältnis hin. Der Trainer Tristan R. ist somit versicherungspflichtig beschäftigt und als Arbeitnehmer einzustu-fen.

4 Sponsoringvertrag

Nachfolgend wird ein Sponsoringvertrag für den „Saar LaufCup" dargestellt.

Sponsoringvertrag

zwischen

der „FitforRun GmbH", vertreten durch den Vorstandsvorsitzenden Johann Läufer, Margaretenstraße 27, 66346 Musterstadt

-nachfolgend „**Sponsor**" genannt-

und

dem „Lauftreff-Freunde Kölletal e.V.", vertreten durch den Vorstandsvorsitzenden Dominik Sprinter, Musterstraße 58, 66346 Musterstadt

-nachfolgend „**Gesponserter**" genannt-

wird folgender Sponsoringvertrag geschlossen:

Präambel:

Der Sponsor ist ein Hersteller für qualitativ hochwertige Nahrungsergänzungsmittel, welche bundesweit vertrieben werden. Das Kerngeschäft konzentriert sich dabei auf Produkte für den Ausdauersport. Ziel des Sponsoringvertrages ist die Steigerung des Bekanntheitsgrades.

Der Gesponserte ist ein erfolgreicher Leichtathletikverein, welcher alljährlich einen Laufwettbewerb veranstaltet. Dieser dient dem Verein zur Steigerung der Bekanntheit und Attraktivität.

§ 1 Leistungen des Sponsors

11/19

1. Der Sponsor verpflichtet sich, zum Zwecke der Durchführung des Laufwettbewerbs, zur einer Gesamtzahlung an den Gesponserten in Höhe von 200.000 Euro. Der Betrag wird im Vorfeld des Events in zwei Teilbeträgen zu je 100.000 Euro überwiesen.

2. Der Sponsor verpflichtet sich zu jedem Lauf eine Werbekampagne auf eigene Kosten durchzuführen.

3. Der Sponsor verpflichtet sich jedem Teilnehmer des Laufwettbewerbs im Vorfeld der Läufe drei Produkte seines Sortiments zur Verfügung zur stellen.

§ 2 Leistungen des Gesponserten

1. Der Gesponserte räumt dem Sponsor das Recht ein, entlang der Laufstrecke Werbebanden aufzustellen und den Zielbereich mit eigener Werbung zu gestalten.

2. Der Gesponserte verpflichtet sich den Sponsor durchgängig als offiziellen Hauptsponsor des Laufwettbewerbs zu bewerben.

3. Der Gesponserte räumt dem Sponsor das Recht ein, während der Läufe mehrere Verkaufsstände für die eigenen Produkte aufzubauen und diese zu vertreiben.

§ 3 Gefahrtragung

1. Im Falle eines Ausfalls oder mehrerer Ausfälle der Läufe durch höhere Gewalt übernimmt der Gesponserte keine Haftung.

§ 4 Laufzeit

1. Die Laufzeit des Sponsoringvertrags beschränkt sich auf den Zeitraum des Laufwettbewerbs. Er beginnt im Mai und endet im August. Eine ordentliche Kündigung ist ausgeschlossen.

§ 5 Wettbewerbsverbote

1. Der Gesponserte verpflichtet sich den Teilnehmern des Laufwettbewerbs ausschließlich Produkte des Sponsors zur Verfügung zu stellen.

§ 6 Zahlungsmodalitäten

1. Der Sponsor verpflichtet sich zur termingerechten Zahlung in zwei Raten zu je 100.000 Euro. Beide Raten sind als Vorleistung auf das Bankkonto des Sponsors zu überweisen. Die zweite Rate ist spätestens einen Monat oder vier Wochen vor Beginn des Laufwettbewerbs zu entrichten.

2. Die Zahlungen des Sponsors an den Gesponserten sind an folgendes Bankkonto zu überweisen:

Kontoinhaber: Dominik Sprinter

Bankname: KommerzBank Kreis Musterstadt

IBAN: DE 78 5437 0000 3467 7722 32

BIC: DELADEBEYYY

Verwendungszweck: SPONSORZHLNG SAAR-LAUFCUP

§ 7 Haftungsausschluss

1. Der Sponsor übernimmt keine Haftung gegenüber Dritten, da er nicht an der Durchführung des Laufwettbewerbs beteiligt ist.

2. Der Gesponserte übernimmt keine Haftung gegenüber dem Sponsor bei Nichterreichen seiner angestrebten Ziele.

§ 8 Kündigungsklausel

1. Der Sponsor und Gesponserte haben das Recht zur fristlosen Kündigung bei:

– erheblichen Verstößen der anderen Partei gegen die vereinbarten Vertragspflichten

– erheblichen Verstößen der anderen Partei gegen gesetzliche Vorschriften

§ 9 Salvatorische Klausel

1. Sollten einzelne Bestimmungen dieses Sponsoringvertrages unwirksam oder un-
   durchführbar sein oder nach Abschluss des Vertrages unwirksam oder undurch-
   führbar werden, bleibt davon die Wirksamkeit des Sponsoringvertrages im Übri-
   gen unberührt.

_____   _____

Ort, Datum   Unterschrift des Sponsors

_____   _____

Ort, Datum   Unterschrift des Gesponserten

5 Steuerliche Aspekte im Sport- und Vereinsrecht

5.1 Steuerliche Sphären

Gemeinnützige Vereine werden zum Erhalt und zur Förderung derer mit steuerrechtlichen Vorteilen begünstigt (Dehesselles & Bragrock, 2012, S. 47). Die Einnahmen eines
Vereins werden dabei in vier verschiedenen steuerlichen Sphären kategorisiert. Nachfolgend wurden die Einnahmen des gemeinnützigen Sportvereins auf ein Jahr hochgerech-
net und den einzelnen steuerlichen Sphären zugewiesen.

Ideelle Sphäre:

Die Einnahmen aus Mitgliedsbeiträgen gehören der ideellen Sphäre an. Diese belaufen
sich auf 38880 Euro im Jahr. Sie sind von der Gewerbe- und Körperschaftssteuer befreit
(Jäck, 2012, S.351).

Sphäre der Vermögensverwaltung:

Hierzu gehören alle Einnahmen aus dem Bereich der Verpachtung des Grundstücks. Diese ergeben 42.000 Euro jährlich und sind ertragssteuerfrei (Dehesselles & Bragrock, 2012, S.47f).

Sphäre des Zweckbetriebs:

Die Einnahmen aus sportlichen Veranstaltungen werden dieser Sphäre zugeordnet. Der Sportverein erzielt hierbei jährlich 42.000 Euro an Einnahmen. Die Grenze zum Erhalt von Steuerbefreiungen liegt hier bei 45.000 Euro jährlich (Jäck, 2012, S.352). Der Sportverein liegt 3000 Euro unterhalb dieser Grenze und ist somit steuerbefreit.

Sphäre des wirtschaftlichen Geschäftsbetriebs:

Diese wird durch die Teilnahme am wirtschaftlichen Geschehen definiert. Dadurch ergeben sich keine besonderen steuerlichen Befreiungen. Eine Ausnahme bildet allerdings die Freigrenze von 35.000 Euro für kleinere Vereine. Wird diese Freigrenze unterschritten so fallen die Körperschafts- und Gewerbesteuer weg. Bei einer Überschreitung schreibt man dem Verein jedoch einen Freibetrag in Höhe von 5000 Euro zu (Dehesselles & Bragrock, 2012, S.48-50). Die Einnahmen sind gesondert zu betrachten:

Einnahmen aus der Kantine: 27.000 Euro

Da der Höchstsatz von 35.000 Euro nicht überschritten wird, entfallen die Körperschafts- und Gewerbesteuer. Die Umsatzsteuer in Höhe von 19 % greift allerdings dennoch. Somit ergibt sich ein Umsatzsteueranteil in Höhe von 5130 Euro.

Einnahmen aus dem Sponsoring: 45.000 Euro

Gemäß § 64 Abs. 6 Nr. 1 AO sind lediglich 15 % der Einnahmen aus dem Sponsoring zu versteuern. Somit wird eine Kostenpauschale von 85 % von den Einnahmen abgezogen. Dies ergibt einen zu versteuernden Betrag in Höhe von 6750 Euro. Die Freigrenze in Höhe von 35.000 Euro wird dadurch auch in dem Fall nicht überschritten. Die Gewerbesteuer wird mithilfe eines Hebesatzes von 400 % ermittelt und ergibt 945 Euro. Die Körperschaftssteuer von 15 % ergibt 1012,50 Euro.

Für den Sportverein ergeben sich somit jährliche ertragssteuerliche Folgen in Höhe von 7.087,50 Euro.

5.2 Umsatzsteuer

Für einen eingetragenen und gemeinnützigen Sportverein wurden folgende beispielhafte Geschäftsvorfälle erstellt:

1. Der Verein hat 60 Mitglieder die monatliche Beiträge in Höhe von 10 Euro an diesen zahlen. Es ergeben sich jährliche Einnahmen durch die Mitgliedsbeiträge in Höhe von 7200 Euro.

2. Der Verein vermietet eine Trainingshalle für 1000 Euro monatlich.

3. Der Verein veranstaltet ein öffentliches Turnier und erhält von jedem Teilnehmer ein Startgeld in Höhe von 50 Euro. Es nehmen 400 nicht bezahlte Sportler an diesem Turnier teil und entrichten das Startgeld an den Verein. Es ergeben sich 20.000 Euro an Einnahmen aus diesem Turnier.

4. Der Verein schließt einen neuen Sponsoringvertrag mit einem Getränkehersteller ab. Dieser verpflichtet sich zu einer jährlichen Zahlung in Höhe von 39.000 Euro an den Verein.

Umsatzsteuerliche Behandlung des jeweiligen Geschäftsvorfalls:

1. Der erste Geschäftsvorfall ist der ideellen Sphäre zuzuordnen. Die Einnahmen durch Mitgliedsbeiträge in Höhe von 7200 Euro jährlich sind befreit von der Umsatzsteuer. Der fehlende Leistungsaustausch begründet diese Befreiung (Dehesselles & Bragrock, 2012, S.46). Weiterhin entfallen in der ideellen Sphäre die Körperschafts- sowie Gewerbesteuer.

2. Der zweite Geschäftsvorfall wird der Vermögensverwaltung zugesprochen und ist von allen ertragssteuerlichen Pflichten befreit (Dehesselles & Bragrock, 2012, S.47f.). Die Vermietung der Trainingshalle für 1000 Euro verpflichtet ebenfalls nicht zur Zahlung der Ertragssteuern inklusive der Umsatzsteuer (Dehesselles & Bragrock, 2012, S.50)

3. Der dritte Geschäftsvorfall ist dem Zweckbetrieb zuzuordnen. Hier wird ein gemeinnütziger Zweck verfolgt (Dehesselles & Bragrock, 2012, S.47). Die Einnahmen aus den Teilnehmergebühren in Höhe von 20.000 Euro überschreiten nicht die Grenze von 45.000 Euro und sind daher von der Körperschafts- und Gewerbesteuer befreit. Teilnehmergebühren für sportliche Veranstaltungen oder Turniere sind ebenfalls von der Umsatzsteuer befreit (Dehesselles & Bragrock, 2012, S.50).

4. Der vierte Geschäftsvorfall wird dem wirtschaftlichen Geschäftsbetrieb zugeordnet. Die Einnahmen aus dem Sponsoringvertrages in Höhe von 39.000 Euro überschreiten die Freigrenze von 35.000 Euro. Daher genießt der Verein hier keine steuerrechtlichen Vorteile. Die übliche Umsatzsteuer ist hier zu entrichten. Abzüglich des Freibetrages von 5000 Euro werden hier auch die Körperschafts- und Gewerbesteuer fällig.

6 Literaturverzeichnis

Dehesselles, T. & Bragrock, C (2012). Vereinsführung – Rechtliche und Stuerliche
Grundlagen. In A. Galli, V.-C. Elter, R. Gömmel, W. Holzhäuser & W. Straub
(Hrsg.), *Sportmanagement. Finanzierung und Lizenzierung, Rechnungswesen,
Recht
und Steuern, Controlling, Personal und Organisation, Marketing und Medien* (2.,
völlig überarbeitete Auflage, S. 46– 50). München: Vahlen

Fechner, F., Arnhold, J & Brodführer, M. (2014). *Sportrecht.* (S.79). Tübingen: Mohr
Siebeck.

Jäck, S. (2012) Ertragssteuern im Sport. In G. Nufer & A. Bühler (Hrsg.), *Management
im Sport. Betriebswirtschaftliche Grundlagen und Anwendungen der modernen
Sportökonomie* (Sportmanagement, Bd. 1, 3., neu bearbeitete und erweiterte
Auflage, S. 351-352). Berlin: Erich Schmidt

Märkle, R. W. & Alber, M. (2008). *Der Verein im Zivil- und Steuerrecht.*
(12., neu bearbeitete Auflage). (S.30). Stuttgart: Boorberg

Wüterich, C. & Breucker, M. (2006). *Das Arbeitsrecht im Sport.* (S.105). Stuttgart:
Boorberg

Wüterich, C. & Breucker, M. (2012). Das Arbeitsrecht im Sport. In J. Adoplhsen, M.
Nolte, M. Lehner & M. Gerlinger (Hrsg.), *Sportrecht in der Praxis.* (Rechtswis-
senschaften und Verwaltung. Handbücher, S. 154). Stuttgart: Kohlhammer

Internetquellen

DFL (2020) *Finanzkennzahlen: Clubs der Bundesliga in der Saison 2019-20.* https://media.dfl.de/sites/2/2019/05/Clubs-der-Bundesliga-2019-20-Ver%C3%B6ffent-lichung-der-Angaben-gem%C3%A4%C3%9F-%C2%A78-Nr-6-j-und-k-LO.pdf (Z u-griff am 02.04.2020)

FSV Mainz 05 (2018) *Mitgliederversammlung: Rekordumsatz & lebendiger Traum.* https://www.mainz05.de/news/mitgliedershyversammlung-rekordumsatz-lebendi-ger-traum/ (Zugriff am 02.04.2020)

Red Bull Leipzig (2020) *Vereinshomepage.* https://www.dierotenbullen.com/ (Zugriff am 03.04.2020)

Welt (2014) *RB Leipzigs 14 Mitglieder stimmen für Klub-Umbau.* https://www.welt.de/sport/fussball/2-bundesliga/article134955547/RB-Leipzigs-14-Mit-glieder-stimmen-fuer-Klub-Umbau.html (Zugriff am 03.04.2020)